EQUIPO EDITORIAL
Edición: Emili López Tossas
Corrección: Àngels Olivera Cabezón
Maquetación y diseño de cubierta: Isaac Gimeno (lanada.org)

© LAROUSSE EDITORIAL, S. L., 2025
Bac de Roda, 64, 1.ª planta, local B, 08019 Barcelona
www.larousse.es - clientes@grupoanaya.com

Primera edición: abril de 2025
ISBN: 979-13-87520-16-8
Depósito legal: B-2130-2025
1E1I

PAPEL DE FIBRA
CERTIFICADA

Isabella Pastor
Bojanovich

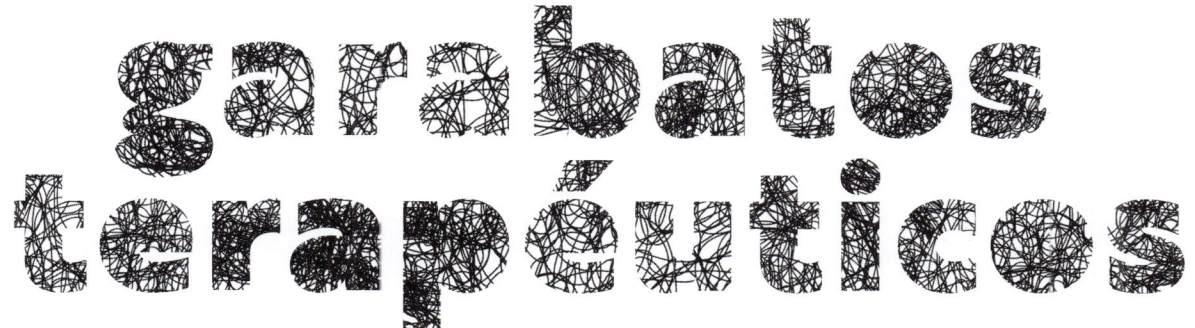

garabatos
terapéuticos

para liberar
tus emociones

LAROUSSE

Dibujos
y técnicas de
concentración
y relajación

introducción

Lo primero que nos viene a la mente a muchos de nosotros al escuchar la palabra «garabatos» son esos trazos libres y juguetones que hacen los niños con las ceras de colores, pero los garabatos también se pueden describir como los dibujos que realizamos de manera espontánea sin un objetivo claro ni planificación y que solemos hacer de forma automática cuando estamos aburridos, concentrados o estresados.

Desde pequeña siempre recurría a mis lápices, bolígrafos y ceras para pasar el tiempo, para aliviar el aburrimiento, el nerviosismo e incluso el miedo. Recuerdo que mi hermana me enseñó a hacer patrones en las hojas del final del cuaderno de matemáticas. Trazando unas líneas sencillas que se asemejaban a mosaicos, llenaba páginas enteras intentando calmar mis pensamientos. Y eso era mucho, porque desde muy pequeñita tenía siempre miedo de todo, me atacaban los pensamientos intrusivos y sufría de una ansiedad constante.

Cuando estudié arte y diseño, descubrí que en el dibujo y la pintura se podía encontrar un refugio seguro para estar con uno mismo, y aprendí a disfrutar pasando tiempo a solas,

con mi montaña de pinceles y papeles. Poco después, conocí el qigong, el yoga, la meditación y las terapias energéticas, y tras experimentar un cambio profundo en mi vida al aplicar estas herramientas, decidí formarme como instructora y terapeuta.

Trabajé durante años como profesora de yoga y meditación con personas desde los dos años hasta muy mayores, tanto que practicaban sentados en una silla. También trabajé como terapeuta holística y como profesora de talleres de bienestar hasta que durante la pandemia consideré necesario hacer un cambio. Para poder trabajar en linea, opté por crear clases de dibujo creativo. Empecé con niños y me gustó tanto que decidí formarme como arteterapeuta.

Creé el método de garabatos terapéuticos combinando la arteterapia con el yoga, la meditación, el *mindfulness*, el *qigong* y otras técnicas que aprendí y puse en valor. Toda esta práctica fue para mí un bálsamo y me sirvió en los momentos en que necesité soporte emocional y alivio del estrés y la ansiedad. Encontré en los garabatos terapéuticos una forma sencilla, divertida y creativa de practicar las técnicas de liberación

emocional y de enfoque en e. presente.
Descubrí que a través de las diversas técnicas
de garabatos terapéuticos podía obtener
beneficios satisfactorios para mi salud
emocional y mental sin luchar conmigo misma.
Todo fluía de manera natural y provocaba una
motivación interna, un deseo de no parar,
de sentir que había encontrado mi lugar.

De la misma manera, espero que en este
cuaderno de garabatos encuentres ese refugio
especial para ti, para calmar tu mente, liberar
tus cargas y expresarte de manera natural
y libre. Gracias por estar aquí.
¡Hagamos garabatos!

Isabella Pastor Bojanovich

para empezar

¿QUÉ DIFERENCIA EXISTE ENTRE LOS GARABATOS Y LOS GARABATOS TERAPÉUTICOS?

Los **garabatos** son los trazos, líneas y dibujos simples que hacemos sin pensar sin ningún objetivo o intención consciente, con el fin de aliviar tensión, aburrimiento o estrés. Los **garabatos terapéuticos** combinan los trazos de diferentes formas y líneas con técnicas de arteterapia, meditación, *mindfulness* y terapias holísticas con la finalidad de emplearse como una herramienta para calmar los pensamientos, reducir la ansiedad y el estrés y, al mismo tiempo, producir una sensación de bienestar, libertad y apertura.

¿QUÉ MATERIALES NECESITO?

En este cuaderno puedes trabajar con cualquier material de arte que tengas en casa, aunque a continuación menciono algunas recomendaciones:

– **Lápices de color:** no compres los lápices más caros, ya que suelen ser muy suaves y dejan espacios en blanco. Para este tipo de ejercicios yo empleo lápices de colores escolares, ya que la mina suele tener la textura ideal.

– **Bolígrafo:** cualquier bolígrafo negro sirve. Si deseas comprar uno, recomiendo uno de tinta gel seca o *ball point*. El contacto con el papel es muy agradable y produce un sonido y una sensación suaves. Los de tinta líquida manchan el papel y los de tinta sencilla a veces tienen puntas muy afiladas que rompen el papel o producen una sensación desagradable al hacer trazos repetitivos.

– **Marcadores:** suelo usar marcadores de punta fina y secado rápido, ya que no traspasan el papel. Si usas marcadores de alcohol o similares, la tinta pasará a la siguiente hoja. Es mejor usarlos en trabajos con cartulina o papel grueso. Otra opción que me encanta y recomiendo son los marcadores tipo acuarela, ya que tienen colores suaves y no traspasan. De todos modos, pruébalos antes de comprarlos, porque pueden variar según la marca.

– **Ceras:** amo las ceras... El olor, la suavidad, la posibilidad de combinarlas y superponerlas. Todas van muy bien. Si optas por las escolares, tócalas antes de comprarlas. No deberían ser muy duras, deben sentirse más bien cremosas. Las marcas profesionales y semiprofesionales, básicas y económicas son todas bienvenidas y su aplicación en estos ejercicios es muy similar.

– **Rotuladores:** si has visto algunos de mis vídeos, casi siempre uso rotuladores calibrados. Los empleo en la mayoría de ejercicios, son de tinta negra y secan con mucha rapidez. Los hay de otros colores, pero recomiendo el negro, ya que resulta útil para todo. Un buen tamaño de punta es entre 0,3 y 0,5 mm.

Recuerda que estas son recomendaciones básicas y que puedes usar lo que tengas en casa. Los ejercicios de garabatos terapéuticos no requieren materiales específicos y no apuntan al resultado, sino a disfrutar y conectar con el proceso.

¿QUÉ SIGNIFICA HACER UNA «RESPIRACIÓN PROFUNDA»?

Una respiración profunda se hace por la nariz, tanto la inhalación como la exhalación. El aire entra lentamente y se lleva hacia las caderas, como si quisieras llenar tu cuerpo entero de aire y no solo los pulmones. Debes sentir cómo tu diafragma se mueve hacia abajo; notarás que el abdomen se expande ligeramente y sentirás cierta presión en las costillas. Exhala lo más poco a poco posible, como si fuera un fino hilo de seda.

¿QUÉ ES UN «GARABATO LIBRE»?

Consiste en hacer trazos sueltos, sin pensarlo demasiado, casi espontáneamente, dejando que tu mano baile por el papel como si fuera una pista de patinaje. El garabato libre se hace a un ritmo moderado, es decir, no demasiado lento ni tampoco muy rápido.

¿QUÉ PASA SI ME FRUSTRO?

Los ejercicios están enfocados en ayudar a calmarnos y regularnos; sin embargo, cada persona es única, y cargamos con tensiones y emociones diferentes que pueden ser activadas con algunas técnicas. Por ejemplo, repetir líneas horizontales, para la mayoría de personas, resulta relajante. Sin embargo, si nos exigimos que las líneas sean exactamente horizontales, sin inclinarse, ni cruzarse, ni temblar... la frustración aparece debido al perfeccionismo. El perfeccionismo nos frustra porque lleva a la mente al resultado y a la expectativa. Si te frustras, acéptalo. Di «Esto me frustra, pero está bien, puedo sentirme así» y continúa, simplemente enfocándote en disfrutar del ejercicio. El secreto está en lo que te repites. Si te das cuenta de que tu mente critica una y otra vez tus garabatos repitiendo cosas como: «Esto no me sale bien, qué feo está quedando, uf, realmente soy pésimo en el dibujo», respira profundo y repite cosas como: «Me enfoco en disfrutar, esto es todo un reto, pero puedo hacerlo, esta es mi manera de hacerlo y eso está bien». Verás como el perfeccionismo va disminuyendo a medida que sigas creando. El arte y la creatividad son unos poderosos antídotos contra el miedo y el perfeccionismo.

¿SE PUEDE USAR UN LÁPIZ?

Puedes usar lápiz al inicio, para perder el miedo (si es que lo tienes), pero recomiendo no emplear lápiz o bolígrafos que se puedan borrar, ya que lo ideal es permitirnos equivocarnos y aceptar esos pequeños «errores». Es una forma terapéutica de trabajar el perfeccionismo. En la vida los deslices no se borran, pero se pueden corregir, aceptar, modificar, perdonar o liberar.

¿CUÁNTAS PÁGINAS DEBERÍA HACER POR DÍA?

Puedes hacer todas las que quieras, dependiendo de cómo te sientas y cuánto tiempo quieras invertir. Algunos ejercicios implican más tiempo que otros, pero oscilan desde los 2 a los 30 minutos. Si has empezado un ejercicio y te lleva más tiempo de lo esperado, no te fuerces. Detente, descansa, sírvete una infusión, camina un poco y luego continúa. Incluso puedes hacer el ejercicio en diferentes días.

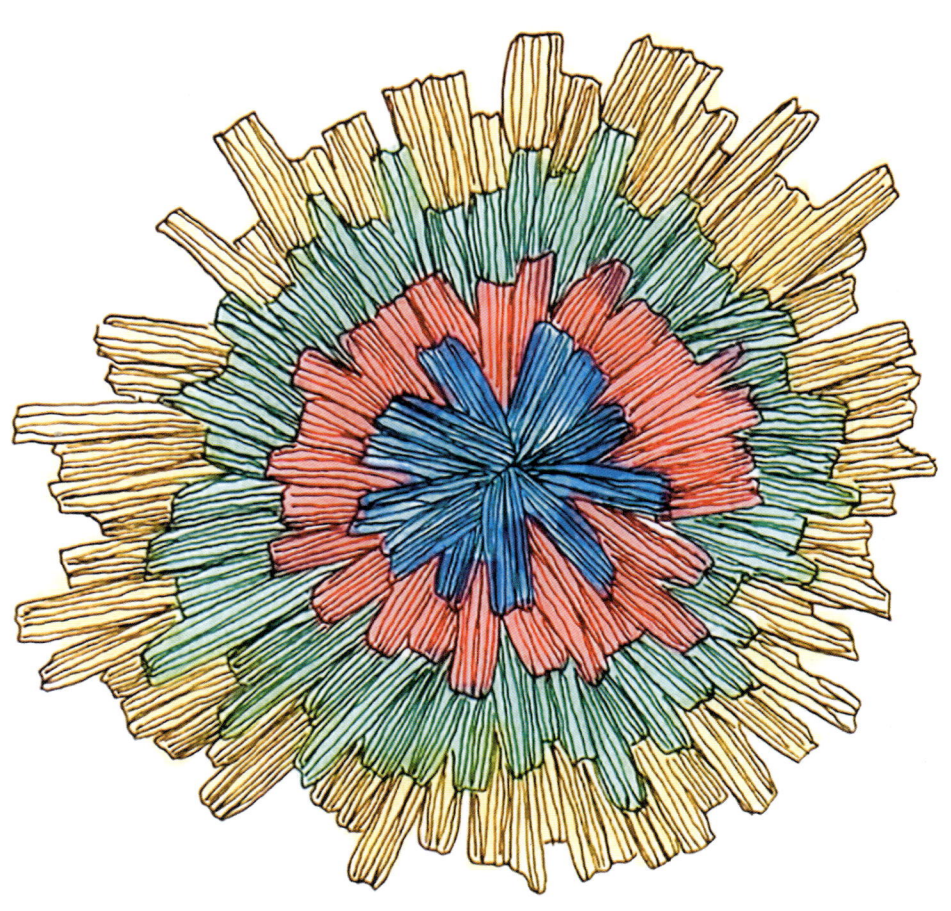

¿qué tipo de ejercicios hay en este cuaderno?

EJERCICIOS DE RESPIRACIÓN Y GARABATOS

Con estos ejercicios (páginas 15-28), **la respiración se conecta con los trazos.** La respiración consciente es una técnica en la que centramos la atención en la respiración, enfocándonos en la inhalación y la exhalación de manera intencionada y activa. Enfocar la atención en la respiración ayuda a reducir el nerviosismo, la ansiedad, el estrés y las emociones incómodas intensas. Igualmente, la mente se calma al conectar con el momento presente. Se dice que una mente que está en el presente es una mente ecuánime, capaz de pensar con claridad, que está atenta pero en calma y que deja ir las preocupaciones del futuro y las culpas del pasado. Este tipo de práctica se usa mucho en la meditación, el yoga y en técnicas de relajación corporal.

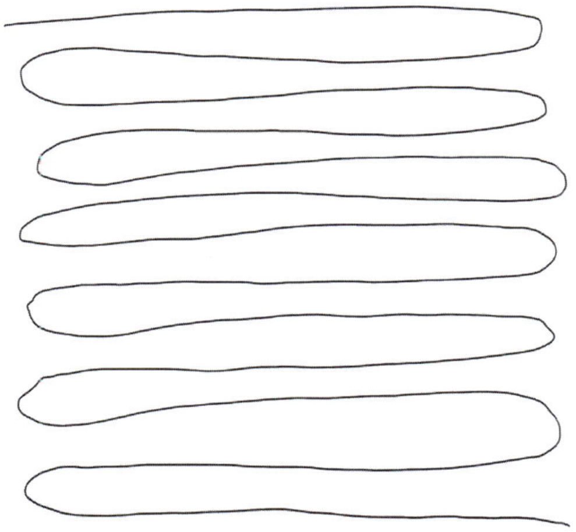

JUEGO DE GARABATOS

Estos ejercicios (páginas 29-39) **despiertan la creatividad** y ayudan a conectar con nuestro niño interior. En los ejercicios de juego de garabatos,basados en una conocida técnica de arteterapia, buscamos liberar la imaginación para transformar líneas en creaciones únicas que nos ayuden a calmar la mente y reducir los pensamientos rumiantes.

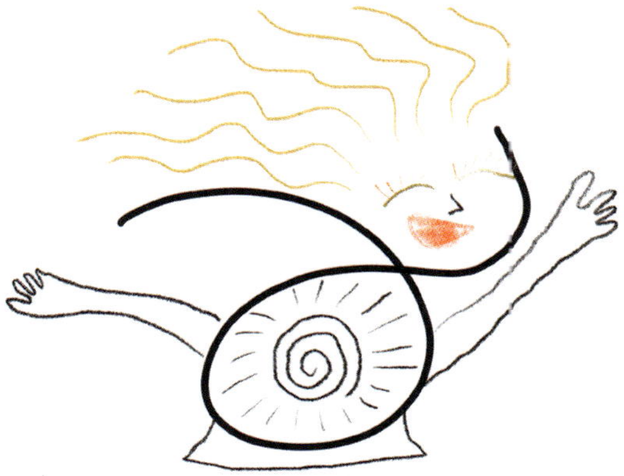

GARABATOS CREATIVOS

A la mente le encanta completar patrones, figuras incompletas, trazos iniciados y que se han dejado a medias (páginas 40-55). Esto **produce una sensación de bienestar,** motivación y logro. Además, permite entrar en un estado de *flow* y juego, que ayuda a soltar tensión y elevar nuestro humor.

CONSTELACIONES

Estos ejercicios (páginas 56-62) combinan técnicas meditativas de dibujo con patrones sencillos que unen puntos para crear formas libres o establecidas. Nos **ayudan a entrar en estados de calma y relajación** que hasta pueden hacernos perder la noción del tiempo. Es una forma saludable de relajar la mente con ejercicios activos de soluciones básicas que activan el pensamiento creativo y lógico al mismo tiempo.

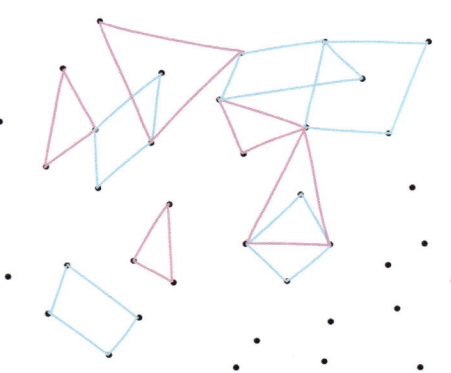

ARTE ZEN

Es una de las técnicas más conocidas después de los mandalas. Combina el dibujo con repetición de patrones en diferentes bases de inicio. Estos ejercicios (páginas 63-74) **permiten calmar la mente a través de la repetición y el ritmo** y proporcionan un espacio de silencio que puede producir estados similares a los de la meditación.

CONTORNO CIEGO

Su nombre puede parecer extraño, pero
su base es simple: dibujo a ojos cerrados.
Estos ejercicios (páginas 75-84) trabajan con
la intuición y **ayudan a conectar con el aquí
y el ahora, soltar el perfeccionismo y activar
la creatividad.** Si nunca has intentado dibujar
a ojos cerrados, este es tu momento. Es una
experiencia tanto liberadora como retadora,
especialmente para las personas que (como
yo) lidiamos con la autocrítica constante.
Hasta hoy, es una de las técnicas que más
me cuesta pero una de las que más practico.
La considero sumamente sanadora.

DIBUJA EL SONIDO

Los sentidos son una ventana al mundo.
Nos conectan con el entorno y captan
mensajes que más tarde serán recibidos
por nuestro cerebro. Las técnicas de atención
plena se basan en enfocar la conciencia
en el momento presente utilizando
las percepciones de nuestros sentidos
(páginas 85-95).

consideraciones que hay que tener presentes

– **No lo pienses tanto.** Es mejor empezar ahora que haber comprado este cuaderno y no usarlo, esperando «el momento ideal».

– **Experimenta con los materiales** que se han sugerido o los que tengas en casa y descubre cuáles te ayudan más a conectar con los ejercicios propuestos.

– **¡Puedes empezar por donde quieras!** Los ejercicios no aparecen en orden.

– **No te agobies.** Si en algún ejercicio se indica que cierres los ojos y te das cuenta de que no logras hacerlo o abres los ojos una y otra vez, mantén los ojos abiertos si lo necesitas, pero procura no fijarte en el papel y el resultado.

– **Puedes hacer los ejercicios en cualquier momento y lugar.** No esperes a un momento a solas y en silencio. Lleva este cuaderno contigo y úsalo cada vez que lo necesites: bajo la sombra de un árbol, en el transporte, en la sala de espera del dentista o del médico. Es una buena alternativa a la pantalla, tanto para jóvenes como para adultos.

– **Suelta tus hombros, frente y mandíbula.** En estas zonas se acumula mucha tensión emocional. Cuando hagas tus garabatos, presta atención a si estás con los hombros encogidos, el ceño fruncido o la mandíbula apretada. Relájalos conscientemente y sigue adelante.

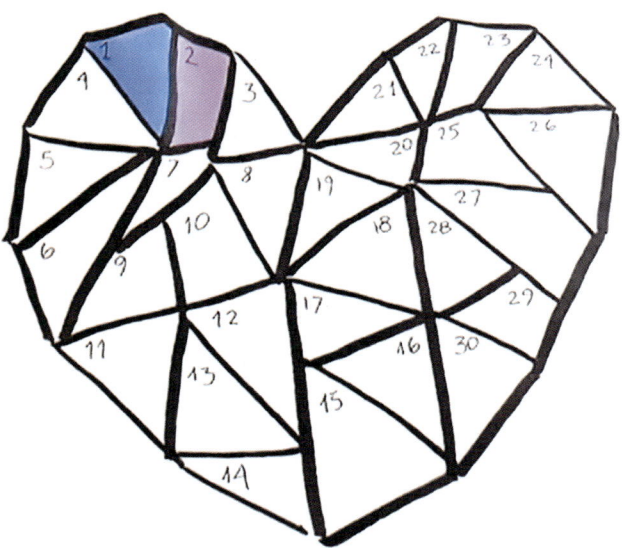

ejercicios

para liberar
tus emociones

respiración del cuadrado

Se la conoce como respiración de la caja o *box breathing*, y **favorece estados de calma, relajación o enfoque.** Puedes practicarla cuando necesites calmar tu mente, activar tu concentración o simplemente como un ejercicio meditativo que conecta tu mente y cuerpo.

¿CÓMO SE PRACTICA CON GARABATOS?

Inhala durante 4 segundos por la nariz trazando una **línea hacia arriba.**

Retén la respiración durante 4 segundos trazando una **línea hacia la derecha.**

Exhala durante 4 segundos trazando una **línea hacia abajo.**

Retén la respiración durante 4 segundos trazando una **línea hacia la izquierda.**

¡Habrás formado un **cuadrado!** Inténtalo en la parte inferior.

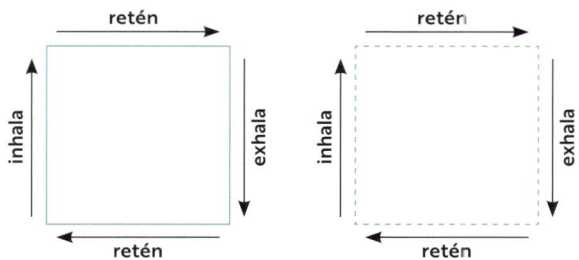

respiración horizontal

Las lineas horizontales evocan calma y claridad. Dibujarlas puede ayudarte a enfriar la cabeza y bajar esas revoluciones frente a situaciones de ira, frustración y estrés. Este efecto se multplica cuando añadimos una respiración lenta y profunda.

Empieza trazando tu respiración de forma horizontal. **Dibuja una línea hacia un lado mientras inhalas y hacia el otro lado mientras exhalas.** No tienen que quedar iguales o bonitas, solo déjate llevar.

Cuando hayas terminado, toma tus lápices o marcadores favoritos y **colorea libremente tu creación.** Recuerda seguir usando los trazos horizontales al colorear.

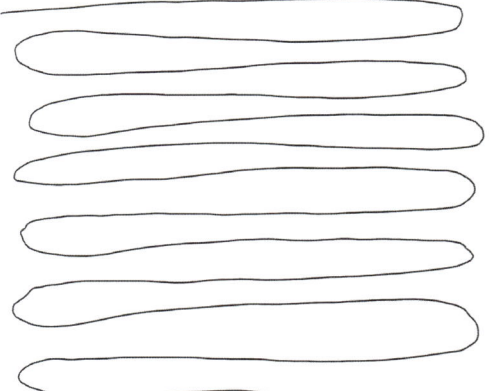 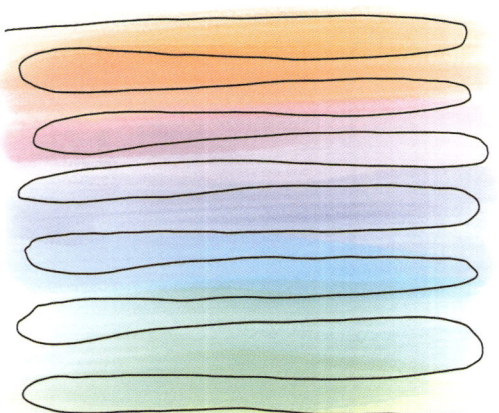

¡En la siguiente página hay un espacio completo para ti!
No olvides darle la vuelta al cuaderno para que esté en horizontal.

empieza aquí

•

respiración... y pausa...

¿Has notado que **cuando sentimos miedo, ansiedad o incluso ira,** nuestra respiración cambia? Se hace más rápida, entrecortada o superficial, y esto es un mensaje de alarma para nuestro cerebro.

Prueba cómo se sienten tu cuerpo y mente después de practicar este ejercicio: inhala mientras trazas una línea hacia arriba. Dibuja un punto o una bolita y haz una breve pausa. Luego exhala muy despacio mientras trazas una línea hacia abajo. De nuevo, dibuja un punto y haz una pausa. Ve lo más lento que puedas.

espirales con respiración

¡Las espirales son liberadoras! Intenta coordinar tu respiración mientras las dibujas, de dentro hacia fuera, de fuera hacia dentro, de distintos colores y tamaños.

respiración olas del mar

¿Sabías que **el sonido del mar activa el sistema nervioso parasimpático,** que es el encargardo de los estados de relajación? Imaginemos que nuestra respiración es como un mar en calma; cada ola va y viene a un ritmo suave y natural. Haz un garabato en forma de ola, de manera que crezca al inhalar y caiga al exhalar. Yo he trazado dos olas; tú añade las que necesites.

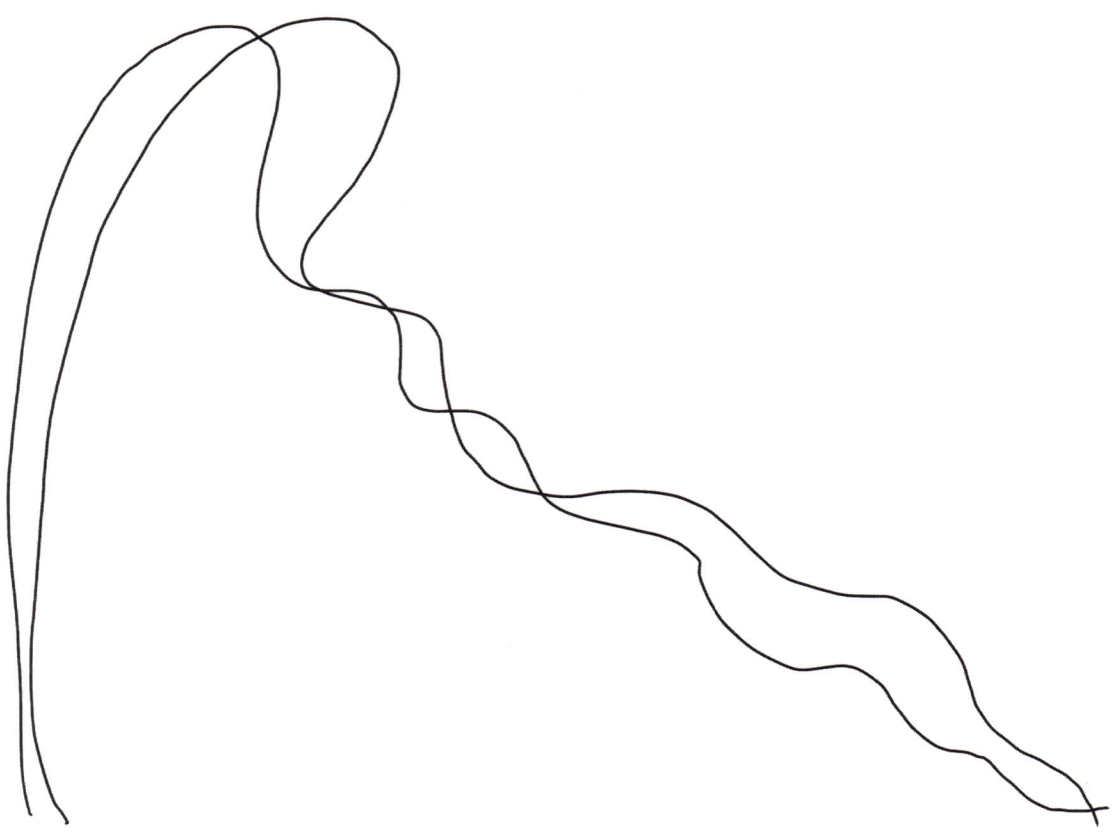

código morse

Este juego combina el código morse con la respiración. Quizá aparezca algún mensaje oculto, pero **lo importante aquí es centrarse en la respiración**. Focalizarse en cada inhalación y exhalación ayuda a traernos al presente, de manera que disminuyan los pensamientos negativos y ansiosos.

Haz un punto en cada uno de estos cuadros mientras inhalas. Cada inhalación puede durar 4, 5, 6... puntos , dependiendo de cuán profunda sea y de cuánto tardes en dibujar los puntos. En cada exhalación trazarás pequeñas líneas. Yo hago las primeras y tú sigues, ¿de acuerdo?

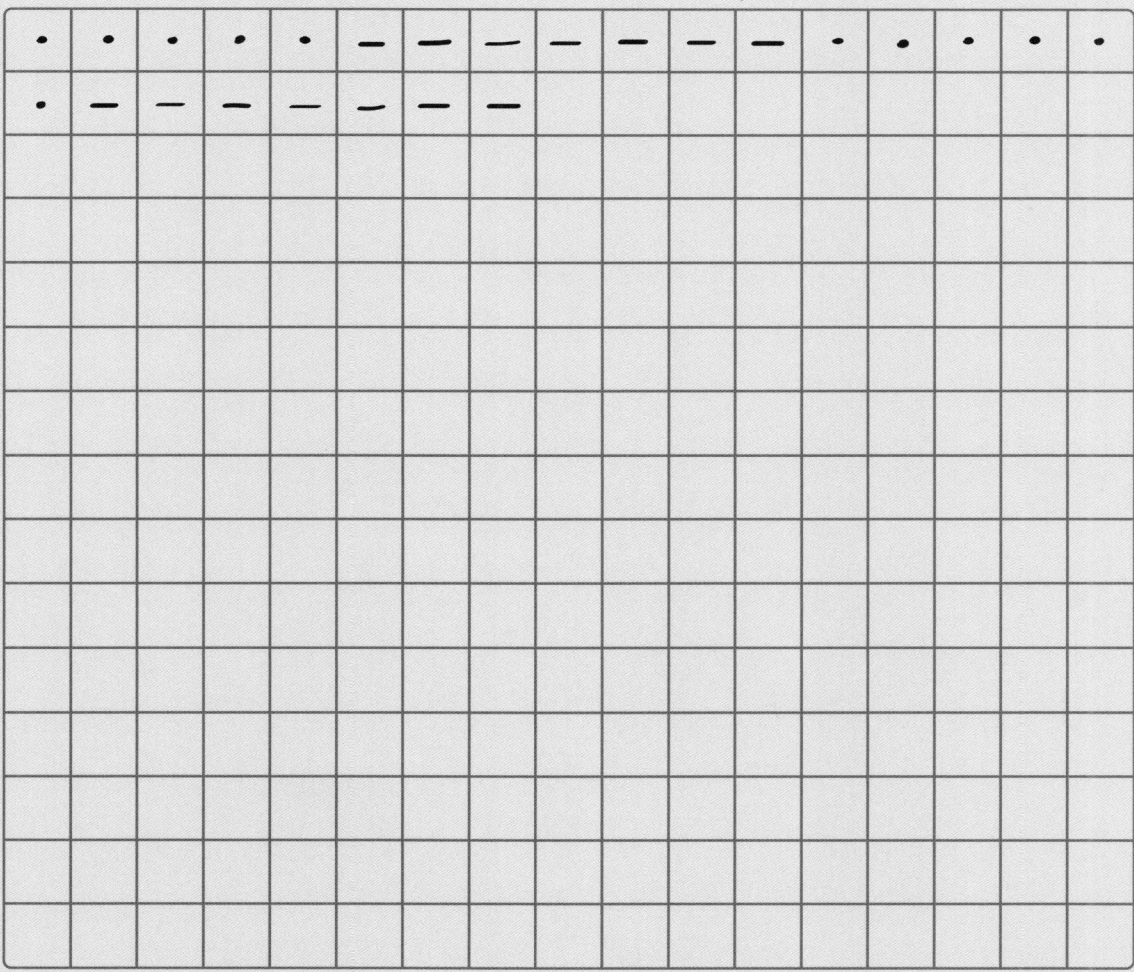

garabato libre con respiración

¡He aquí un reto feliz! Necesitas un bolígrafo de color negro y rotuladores o lápices de colores. Sin levantar el bolígrafo del papel, traza una línea que refleje tu respiración. Cada vez que inhales y exhales, tiene que cambiar de dirección o forma. **La idea es conectar con tu respiración y representarla con libertad.** Cuando hayas terminado (unas cinco o seis respiraciones lentas), colorea o decora como prefieras. Aquí tienes mi garabato. En la página siguiente puedes crear el tuyo.

Espacio para tu garabato libre con respiración.
Hazlo lentamente. Suelta tus brazos y tu mandíbula.

respiración del sol

Este es uno de mis ejercicios favoritos. ¿Qué piensas al ver el dibujo de un sol? Energía, luz, calor, vida, creación. **El sol representa la energía, la fuerza de vida y la luz de la consciencia.** Empezamos con un círculo en el medio, donde podemos escribir un texto que nos ayude a mantenernos presentes y luego trazar líneas hacia dentro al inhalar y hacia fuera al exhalar. ¿Lo intentas? Te dejo el mío y un espacio para el tuyo.

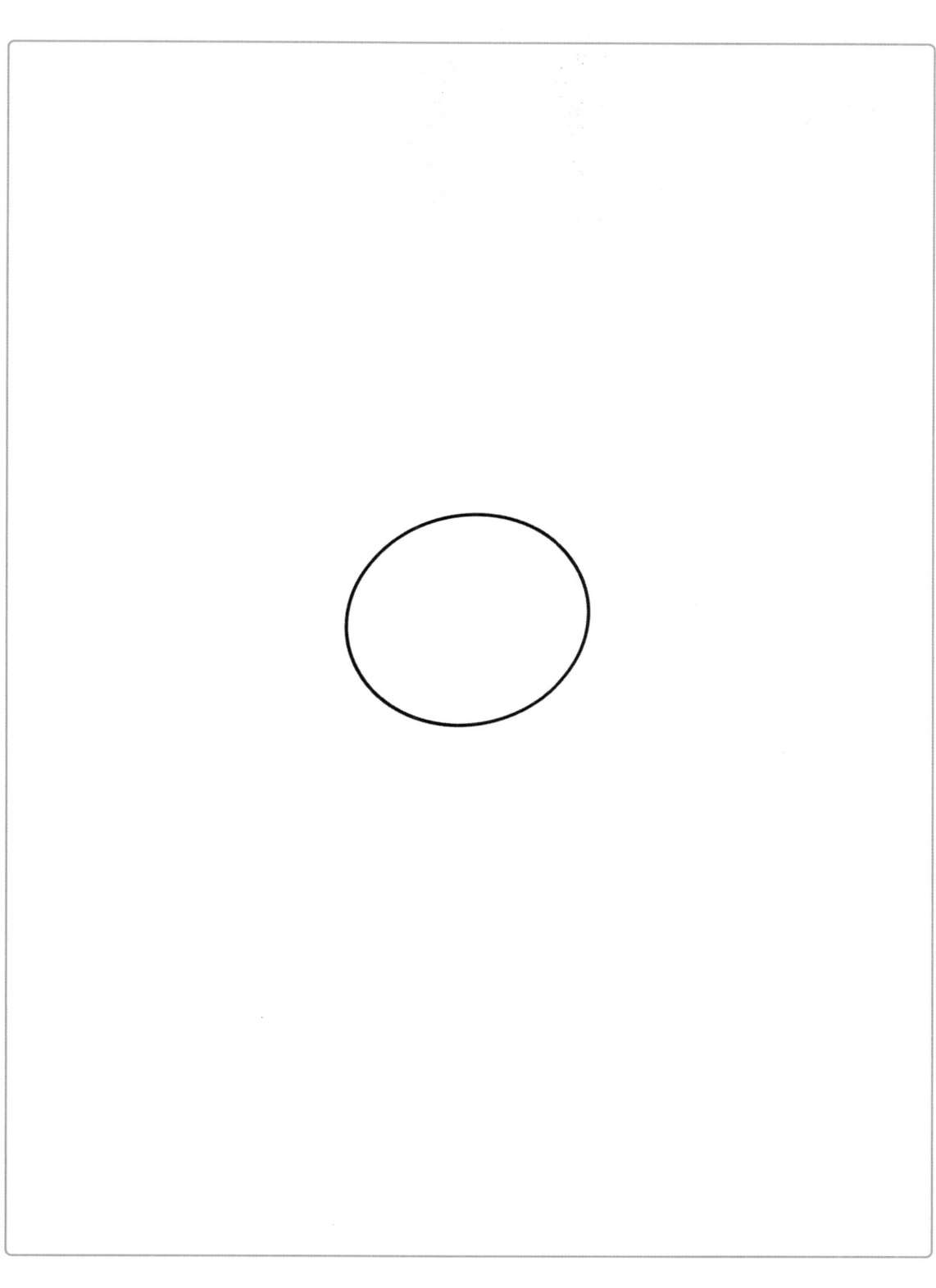

respiración de la flor

Dibujar flores nos recuerda la dulzura, la apertura y la suavidad. Es ideal plasmarlas en momentos de tristeza o ira. Hagamos que cada pétalo represente una respiración. Inhala y empieza a crear el pétalo. Haz una pequeña pausa en la punta, exhala y termina la segunda mitad del pétalo. Al concluir, puedes escribir frases o palabras positivas en cada pétalo, decorarlo como desees o colorearlo.

Espacio para tu respiración de la flor. Recuerda que las creaciones son únicas y el objetivo es siempre el proceso y no el resultado final.

respiral

No, no lo he escrito mal. Un respiral es una espiral combinada con respiración. Este garabato es muy sencillo de practicar. Solo toma una cera o un lápiz y entra en la espiral mientras inhalas. Al llegar al centro, exhala suavemente hasta salir. **Es un viaje hacia uno mismo, para luego conectar con el mundo.** ¡Inténtalo!

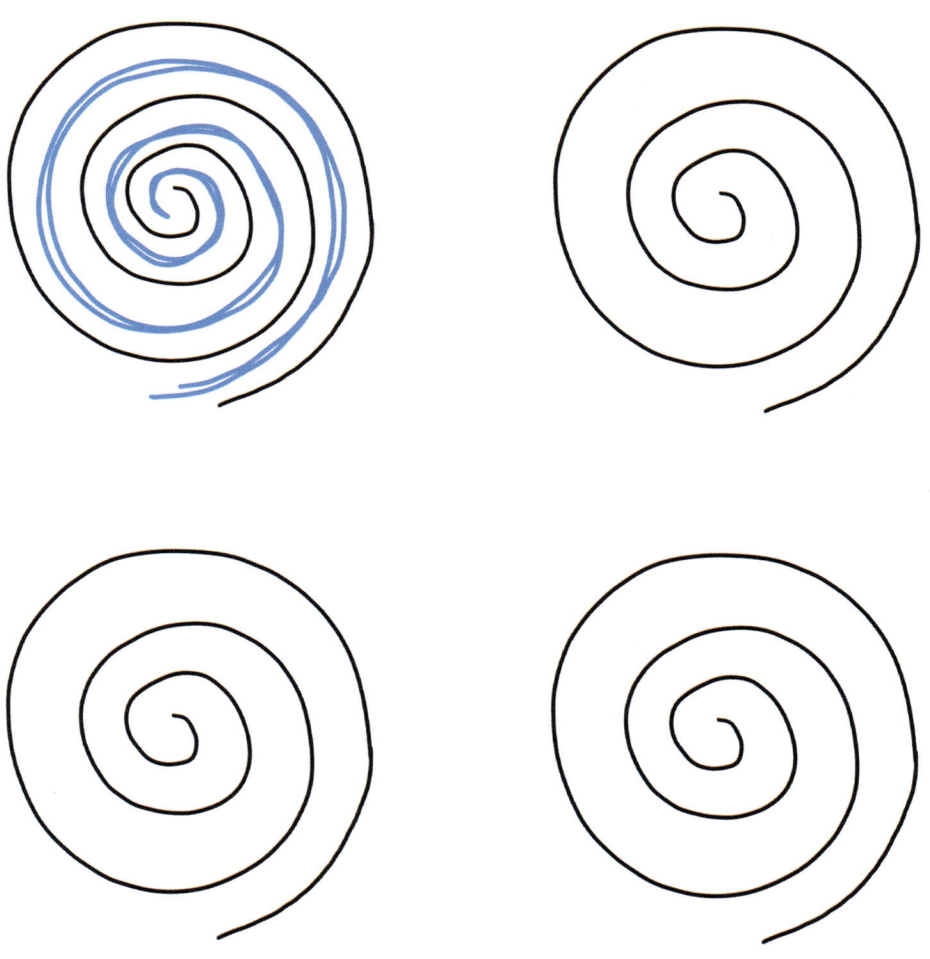

juego de *mindfulness*

¿Cuántas formas diferentes puedes encontrar en este espacio? Identifícalas, cuéntalas y anota el resultado en la parte inferior de la página, al lado de cada forma.

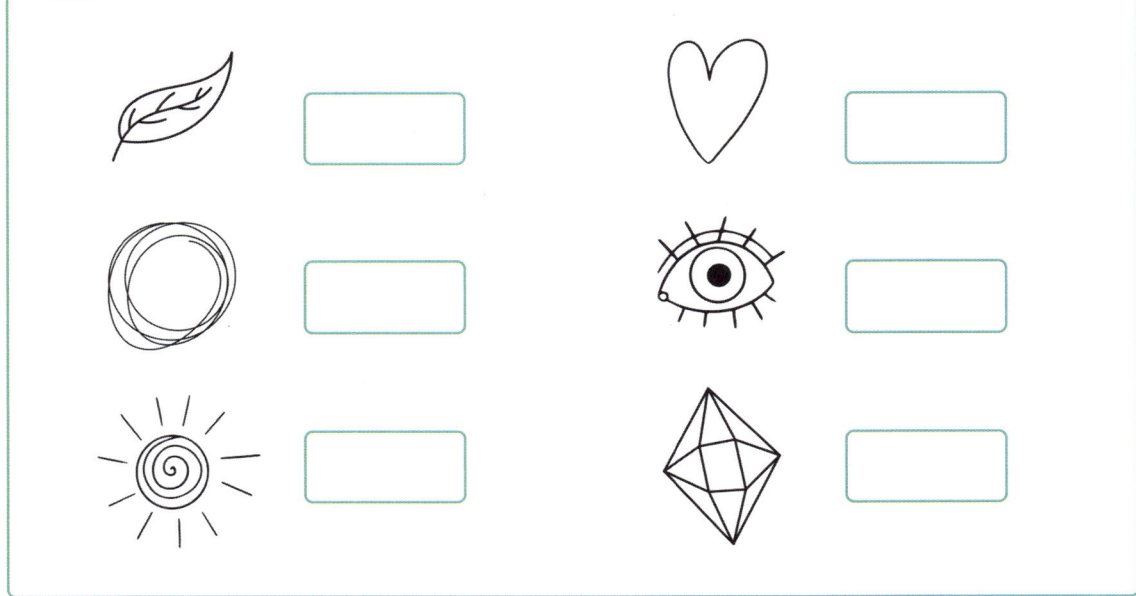

juego de garabatos

Observa unos segundos este garabato. **Crea un personaje** usándolo como base.
No tiene que ser perfecto; deja que tu imaginación vuele libre. En el espacio inferior,
cuenta su historia en un par de líneas. ¿Quién es? ¿Qué hace? ¿A qué le teme o qué desea?

garabatos y emociones

El lenguaje artístico es una forma no verbal de comunicación que nos permite expresar emociones, sensaciones o conflictos internos a través de formas, colores, movimientos y líneas. Al principio, algunas personas podemos sentir dudas o cierto bloqueo para usar los garabatos y el arte para expresar nuestras emociones, pero con cierta práctica tomaremos confianza y seguridad.

Observa las formas y asigna a cada una de ellas una emoción, sensación o estado emocional. Añade color, líneas y trazos libres que ayuden a complementar la expresividad.

Por ejemplo, yo relaciono el círculo con la paz. Si observo un círculo y cierro los ojos, tengo diferentes sensaciones: protección, silencio y seguridad. Todo esto me produce paz. ¿Qué trae a tu mente un círculo? ¿Qué color o colores lo representan para ti? Si le asignaras una textura, ¿cuál sería? ¡Represéntalo sin miedo! No hay forma de equivocarse, ya que en la expresividad artística todo es válido.

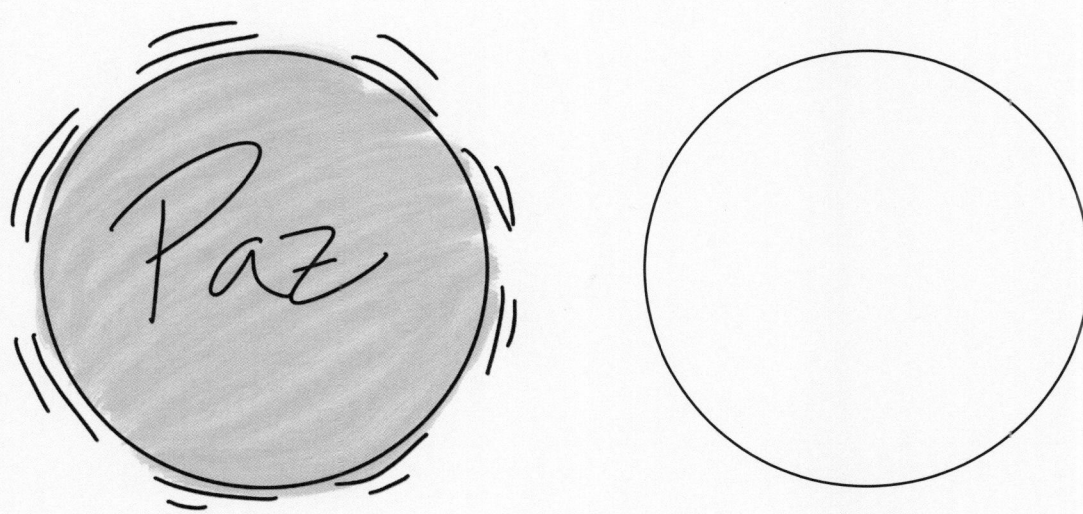

Ideas: tristeza, silencio, tranquilidad, miedo, inquietud, estabilidad, ira, impaciencia, amor, seguridad, unión, relajación, inquietud, ansiedad.

Continúa con cada una de estas formas. Tómate tu tiempo, cierra
los ojos y escucha las respuestas que proceden de tu interior.
Exprésate sin límites.

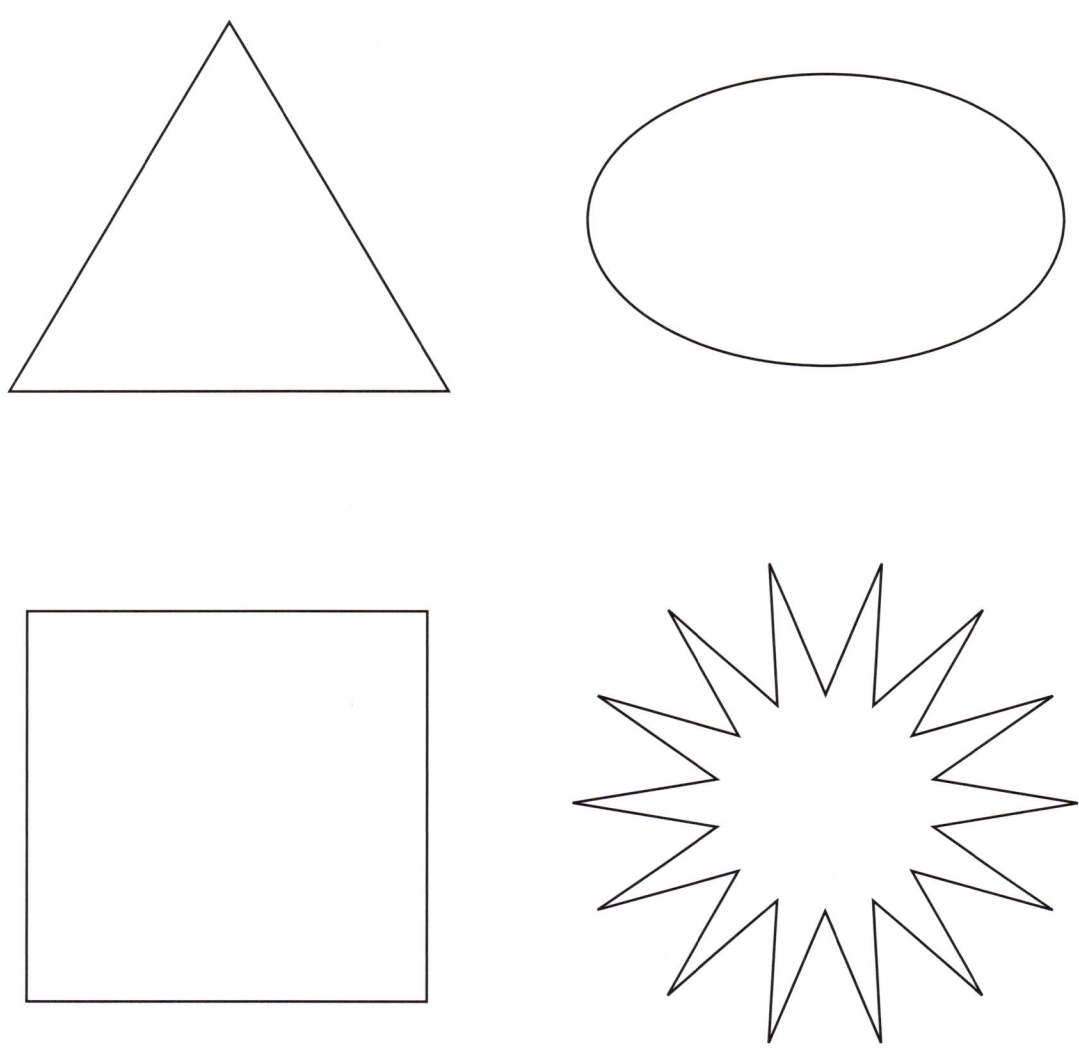

Importante: puedes ocupar el espacio interno, el borde y el espacio externo
de las formas. Usa uno, dos o más colores... Todos los que quieras.

garabato libre y emociones

Sin levantar el bolígrafo, haz un garabato libre y transfórmalo en lo que imagines. Quizá puedas identificar uno, dos o más elementos, un personaje, un rostro o un animal.

ejercicio creativo de círculos

La creatividad es un potente remedio para la ansiedad, el miedo y el aburrimiento. Abre la mente, expande fronteras, fortalece la expresión artística y eleva el sentido de seguridad y estima propios. **Este ejercicio nos ayuda a trabajar la creatividad,** nos trae al presente, calma la mente ansiosa y, además, resulta muy divertido. En cada círculo, dibuja un elemento que tenga esa forma o la contenga.

ejercicio creativo de cuadrados

Me encanta esta versión porque **reta un poco más la imaginación** que el ejercicio de círculos, y cuando la imaginación empieza a flaquear, también es válido explorar el lugar donde te encuentras para descubrir todos los cuadrados que hay a tu alrededor. Es una forma de practicar *mindfulness*... ¡Atención plena al presente!

ejercicio creativo de triángulos

Este es el siguiente nivel de los ejercicios creativos con formas. El triángulo aparece en menor medida en nuestro entorno en comparación con el círculo o el cuadrado. Será un **momento ideal para explorar nuestra imaginación y nuestro entorno.**

garabatos de imaginación

En cada espacio hay un pequeño garabato. Transfórmalo en **lo primero que te venga a la mente.** Usa boligráfo, lápices o ceras; ¡lo que prefieras!

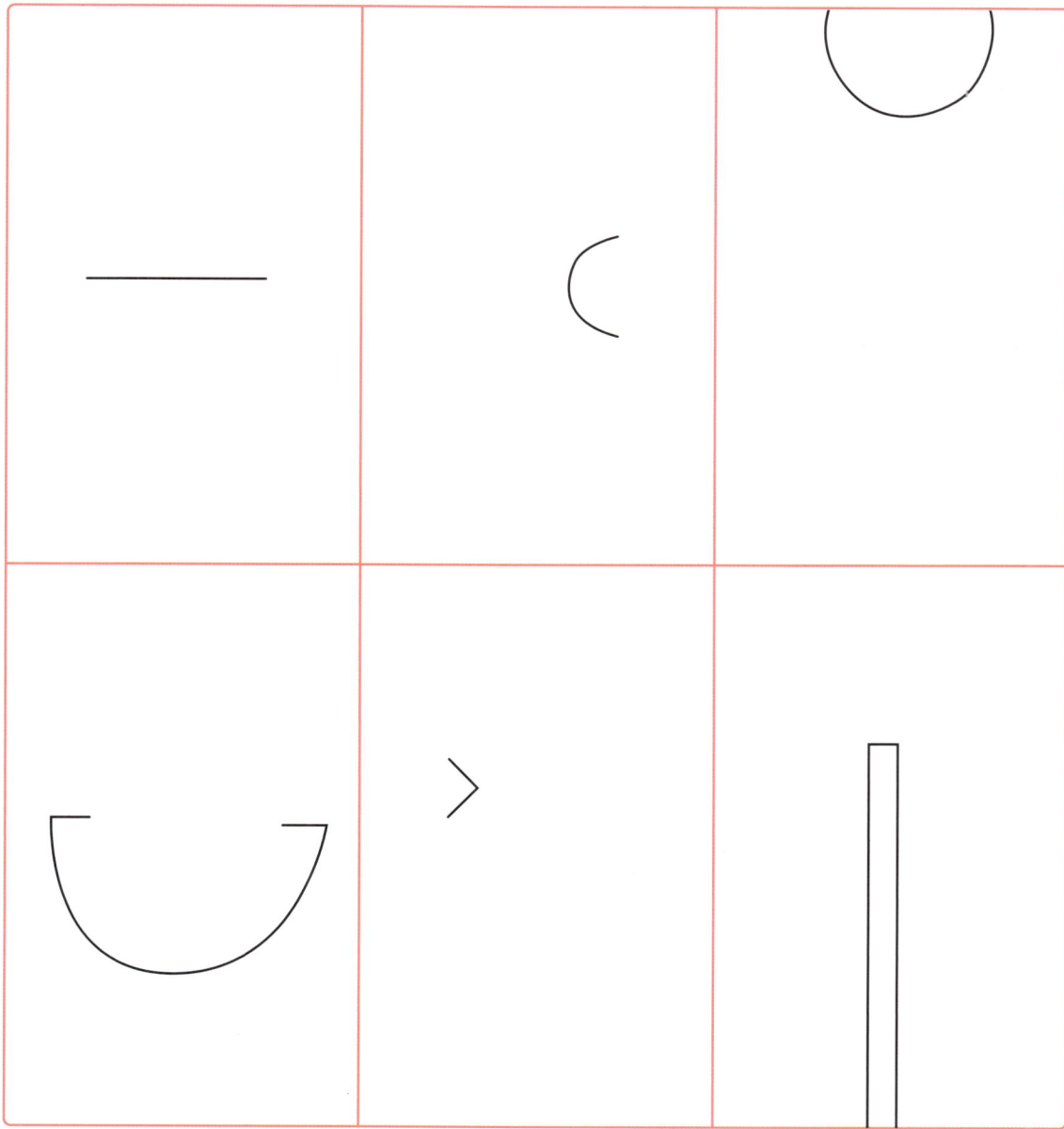

garabatear pollitos

Un garabato sencillo en el que uses movimientos circulares puede fácilmente transformarse en un pollito añadiedo un ojo, un pico, una cola y dos patitas. ¡Inténtalo y no querrás parar!

garabatos creativos

Este garabato puede ser solo un pez, pero también puede ser muchas otras cosas. ¿Qué se te ocurre? Completa los garabatos con tus ideas.

garabatos de líneas y puntos

Completa los garabatos en las **flores y hojas** siguiendo el modelo.

garabatos creativos

Hacer garabatos puede resultar sumamente relajante, en especial si usas tu creatividad. La creatividad es un remedio natural para la autocrítica, el perfeccionismo, el aburrimiento y la apatía. Además, ayuda a liberar tensión y aumenta la sensación de bienestar.
Haz garabatos de colores en cada recuadro, según la sugerencia.

Garabato libre

Tu garabato libre

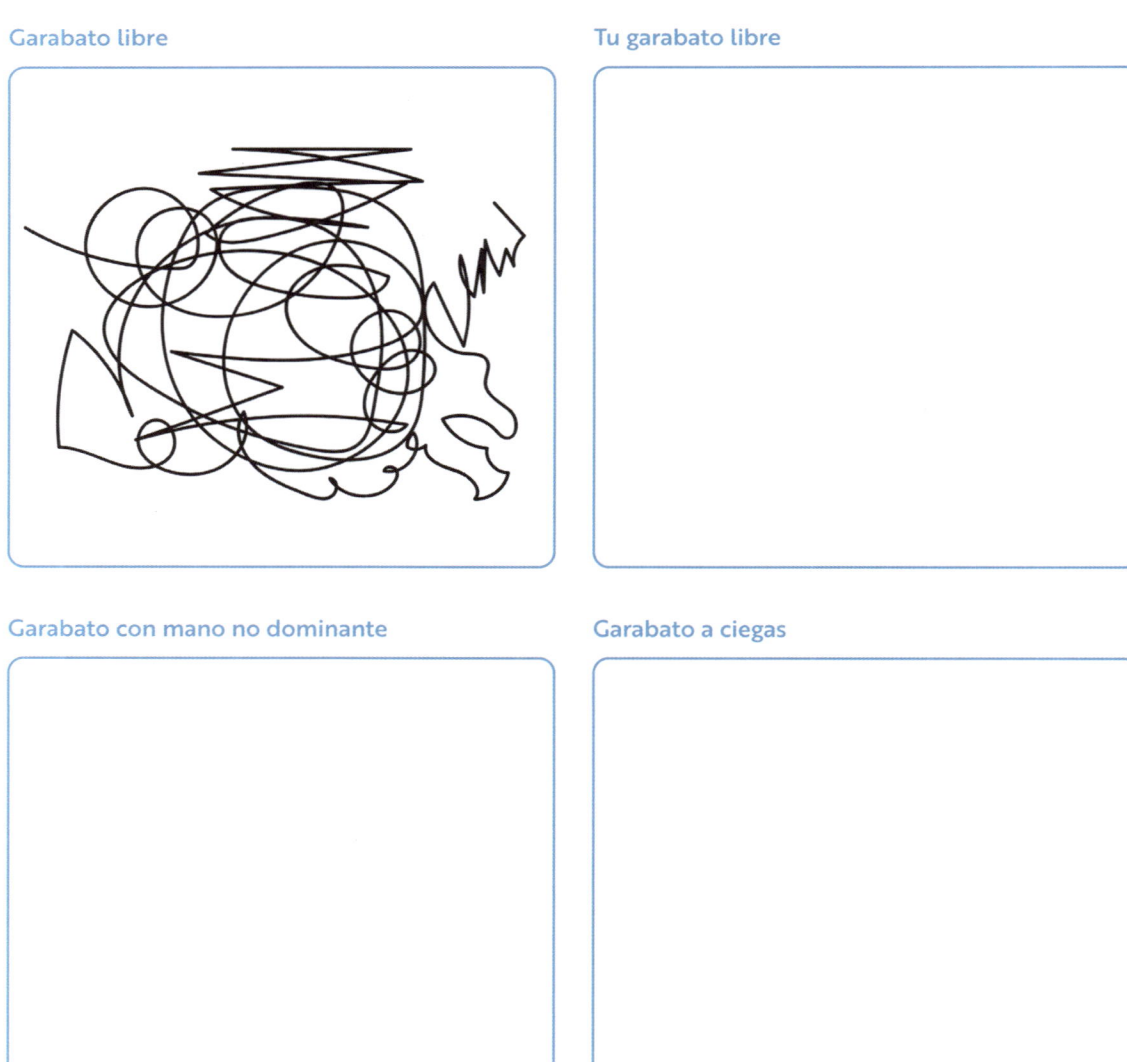

Garabato con mano no dominante

Garabato a ciegas

Garabato con tu color favorito

Garabato lo más lento posible

Garabato ordenado

Garabato trazando muy suave

Garabato con el color que menos usas

Garabato soltando todo lo que cargas

tiempo de arcoíris

El arcoíris evoca esperanza y optismo. Por eso, si los ánimos están decaídos, nada mejor que hacer garabatos de arcoíris. En este ejercicio invitamos a todas las formas y colores de arcoíris que podamos imaginar. ¡Ningún color se queda fuera! Te dejo dos ideas y mucho espacio para tus creaciones. Es como un abrazo al alma.

garabatos de curvas

Traza líneas curvas en cada espacio. Procura hacerlas del centro hacia fuera. Este tipo de garabatos es parte de lo que se conoce como *slow drawing* o dibujo lento. Quiere decir que cuando nos demos cuenta de que estamos acelerando el paso, bajemos la velocidad y volvamos a hacerlo con presencia.

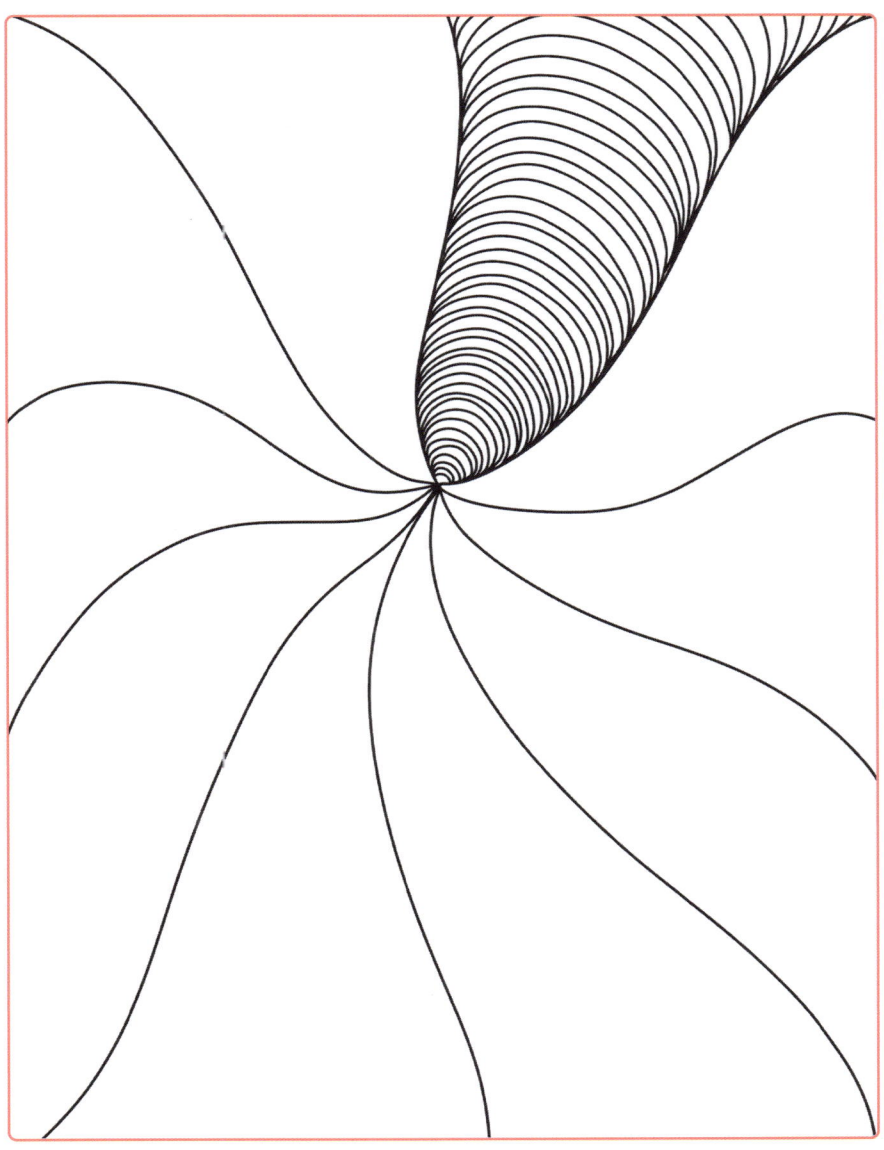

campo de flores

Con un rotulador o un bolígrafo, transforma estas líneas en hojas y flores.

la casa de tus sueños

Construye aquí **la casa de tus sueños.** Todo es válido.

colores asignados

Haz un **garabato libre** sin levantar el bolígrafo del papel. Asigna un color en cada una de las seis propuestas y luego colorea los espacios usando esos seis colores libremente.

- **Tu color favorito.**
- **El color que usas menos.**
- **Un color muy claro.**
- **Un color que veas ahora mismo a tu alrededor.**
- **Un color que te transmita energía.**
- **Un color que no combine con los demás.**

vida nueva

Las hojas se relacionan con la vida, el crecimiento, el resurgimiento, la renovación y la motivación. Añade más ramas, brotes y hojas a este garabato.

hilos de garabatos

Coloca tu cuaderno de forma horizontal y continúa el garabato.

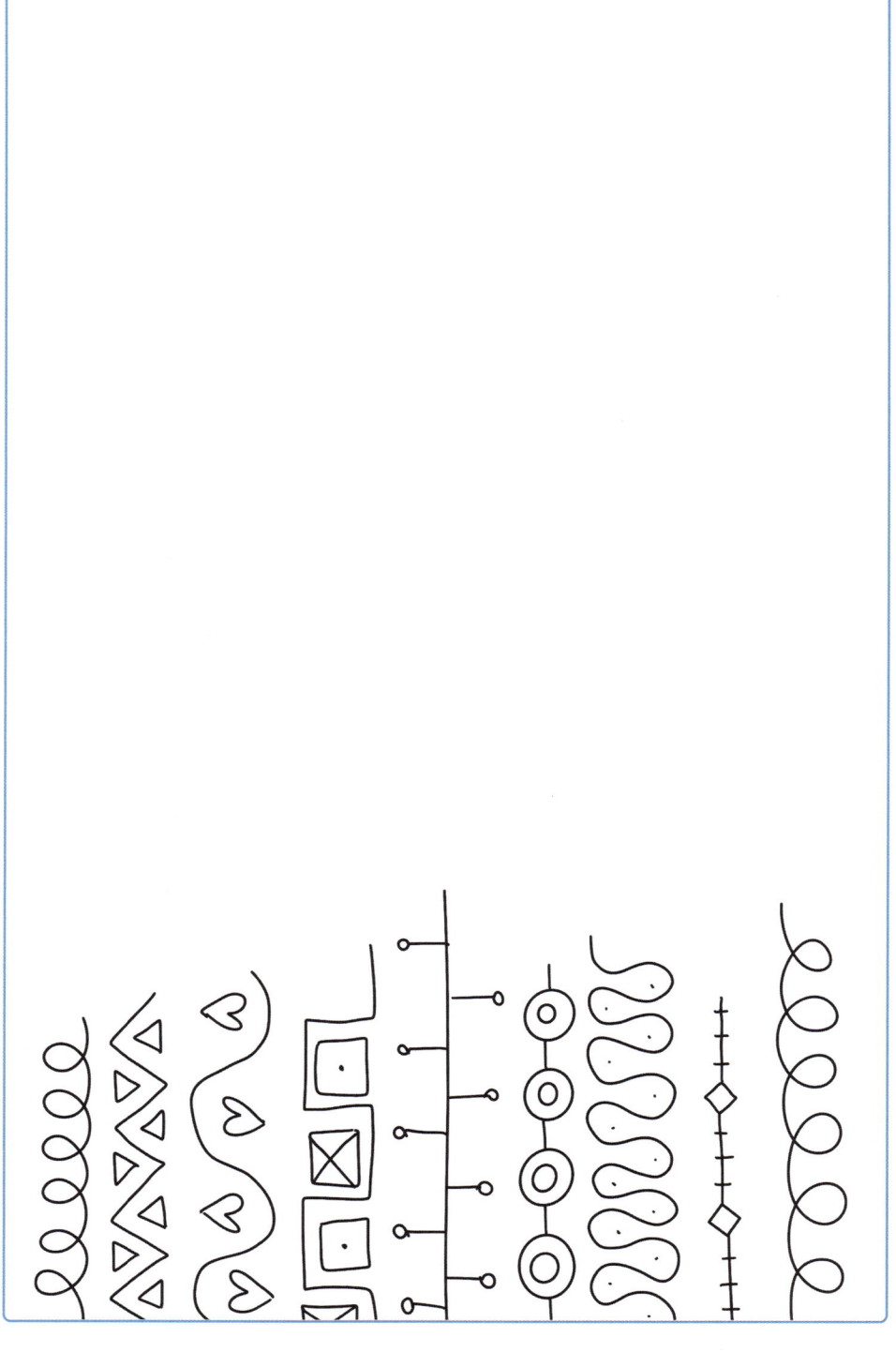

familia de manchas

Une las manchitas del mismo color con una línea continua. ¡No levantes el bolígrafo hasta haberlas unido todas! Este ejercicio es divertido y genial para activar el enfoque y la concentración. Nos trae a. presente y nos activa para empezar el día.

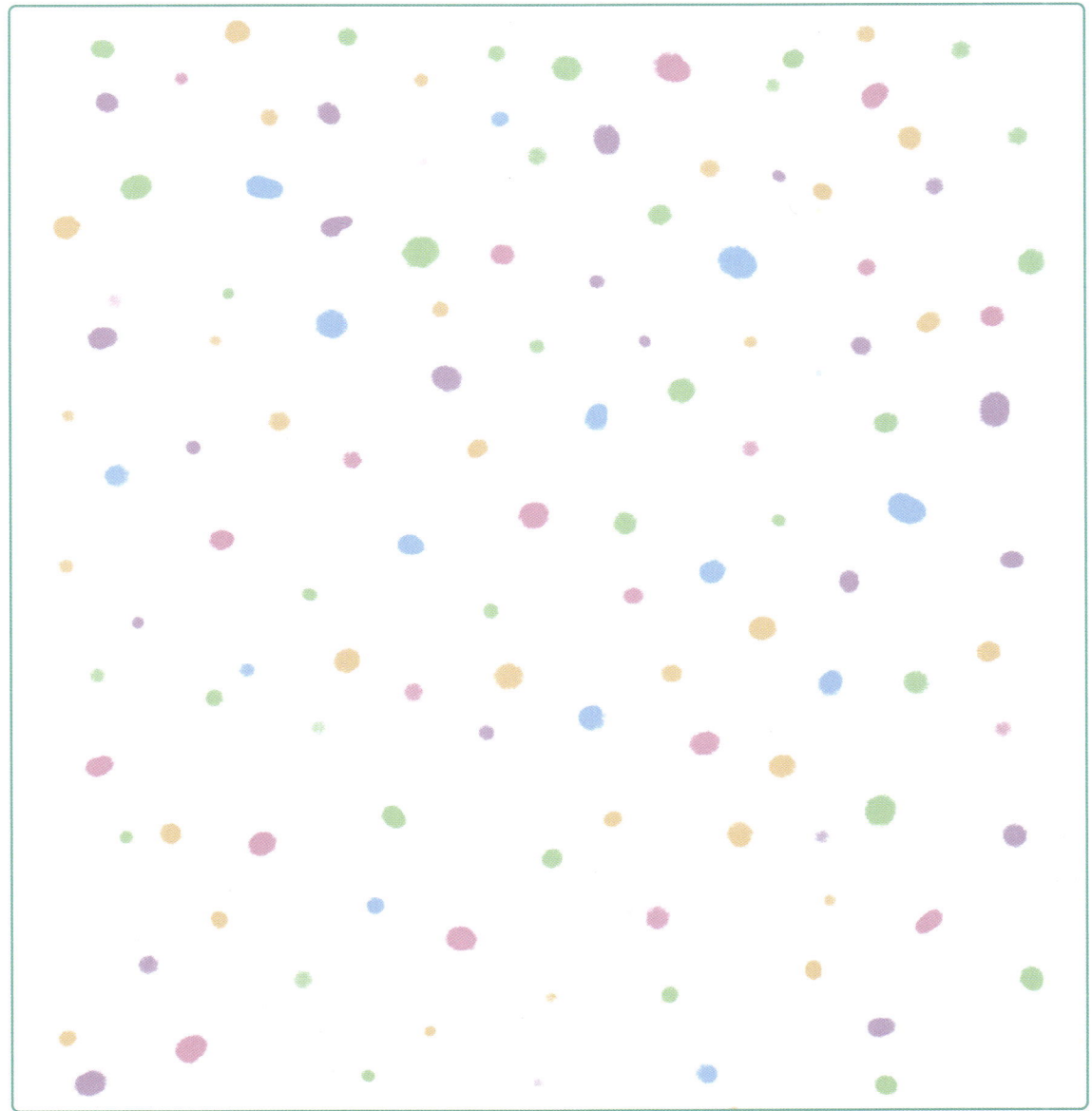

cadenetas de puntos

Simple pero sumamente relajante. Dibuja trazos en forma de S alrededor de los puntos para formar cadenetas.

rangoli

Copia las figuras siguiendo el modelo.

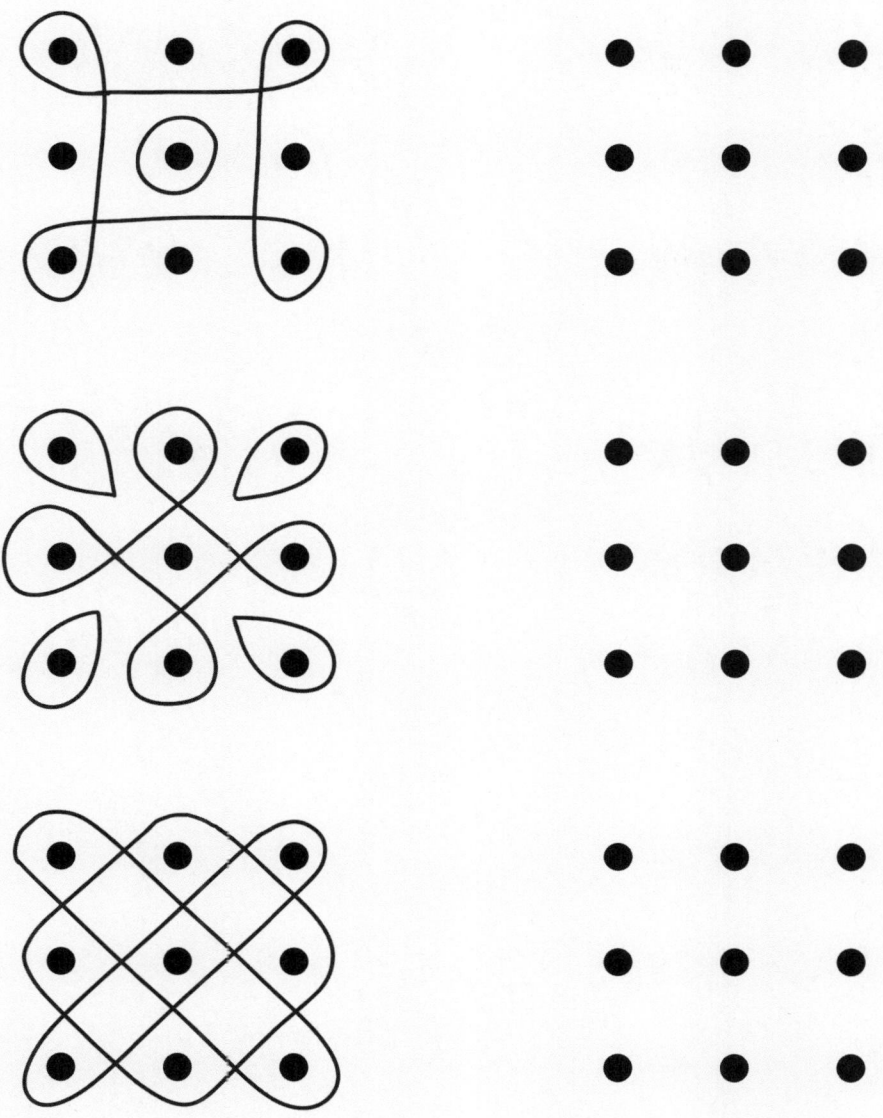

rangoli

Copia las figuras siguiendo el modelo.

rangoli 2

Copia las figuras siguiendo el modelo.

garabatos, puntos y líneas

Crea un garabato libre, añade puntos en las intersecciones y luego une esos puntos con líneas curvas. Observa el modelo y crea tu propio garabato en la página siguiente.

Crea tu garabato en este espacio. Recuerda ir lento y utilizar movimientos redondeados. Si lo prefieres, puedes usar bolígrafos de colores.

hilar puntos

Dibuja puntos de diferentes tamaños en las líneas.

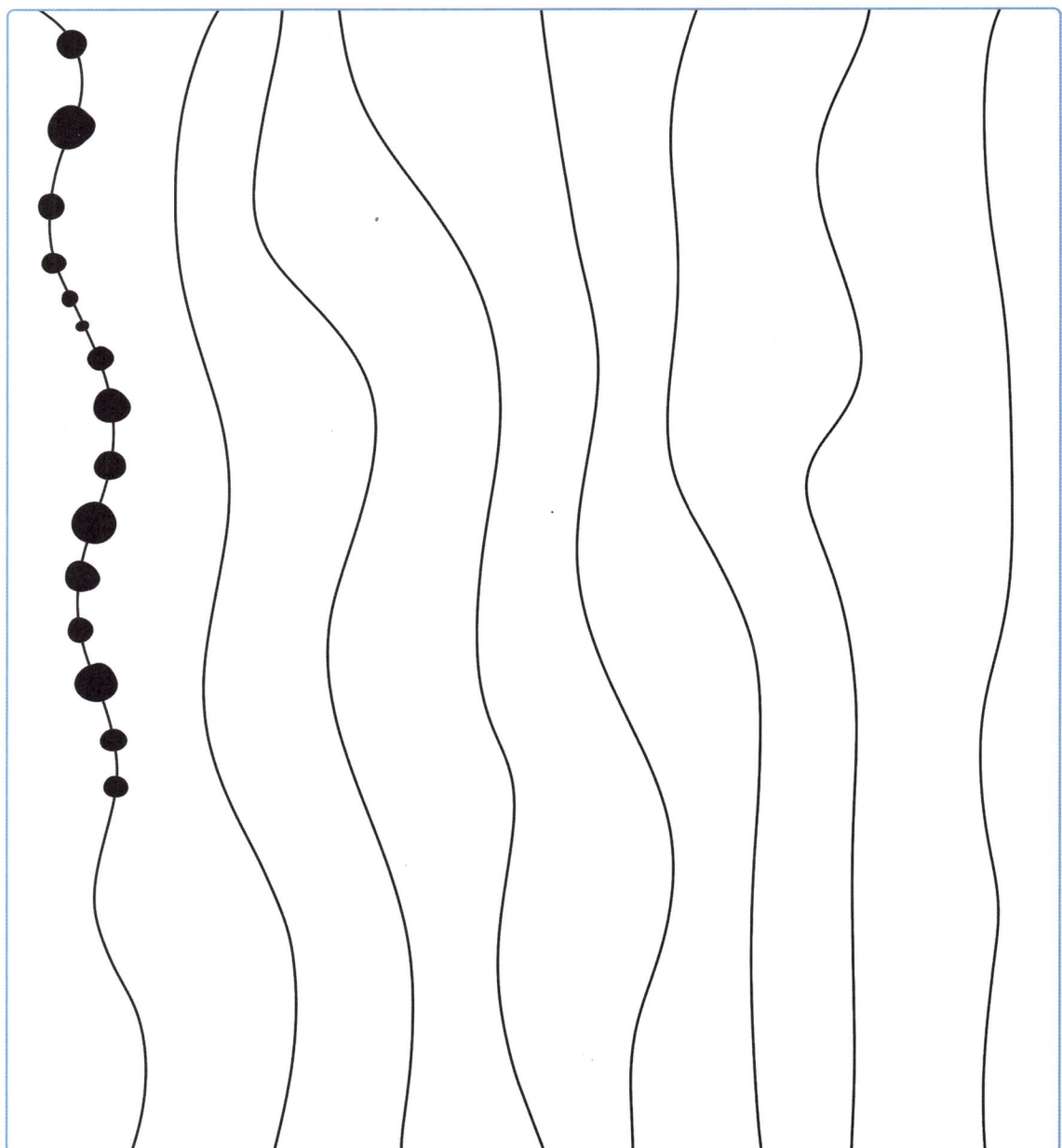

constelaciones libres

Une los puntos creando formas abstractas. Improvisa, cambia de color y disfruta.

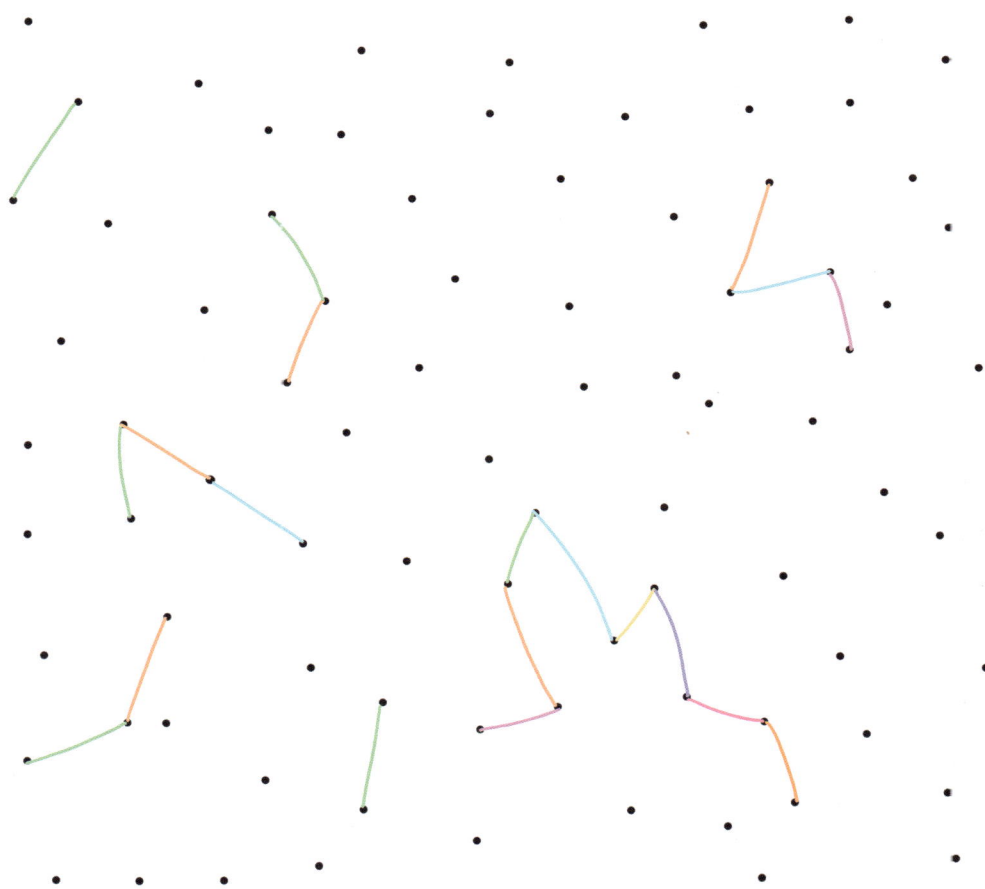

constelación de triángulos

Los triángulos agrupados evocan equilibrio, calma y seguridad.
Dibuja una gran constelación de triángulos uniendo los puntos de tres en tres.

constelación de cuadriláteros

Las formas de cuatro lados evocan estabilidad y organización.
Si tu mente está dominada por el caos y necesitas poner en orden
tus pensamientos, acompáñame a dibujar una constelación de cuadriláteros.
Solo une los puntos de cuatro en cuatro.

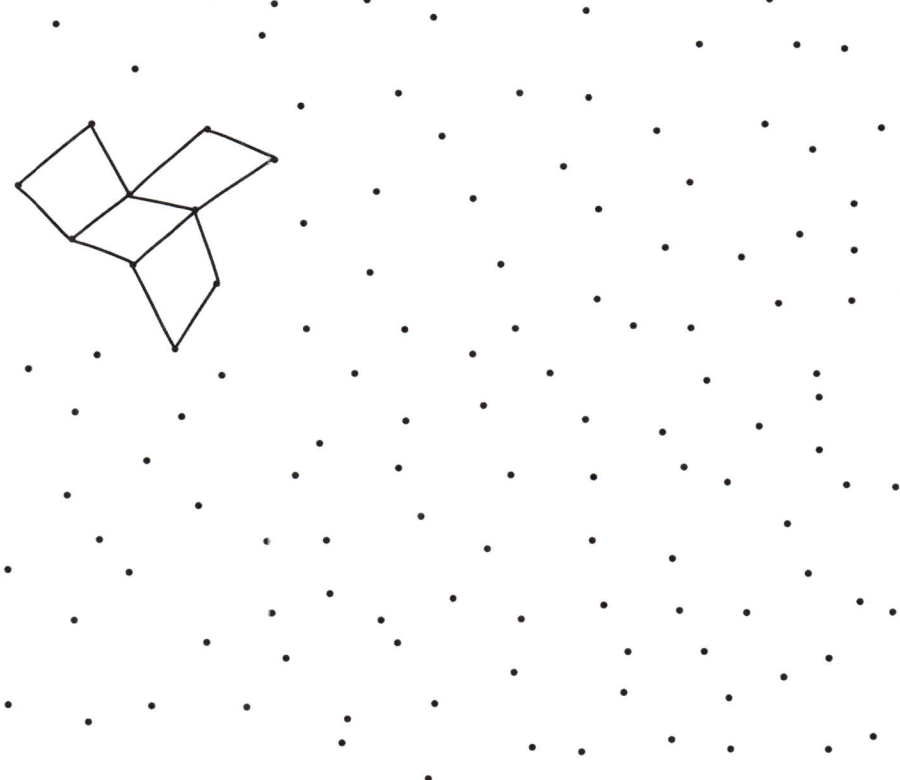

constelación mixta

Toma dos colores y traza triángulos y cuadriláteros.
Pueden entrelazarse, ser grandes o pequeños.

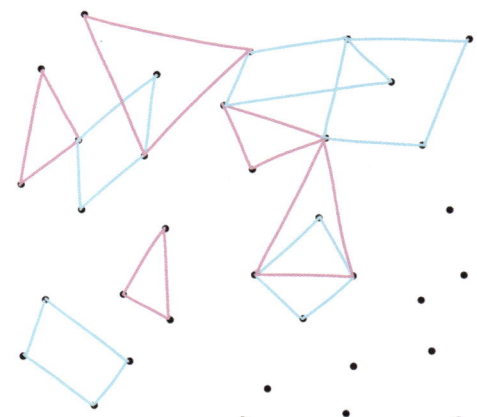

arte zen

Completa los espacios siguiendo los patrones iniciados.

mindful zen

Este ejercicio ayuda a enfocar la atención a través de un dibujo sencillo que combina *mindfulness* y garabatos. A la derecha, repite el patrón de curvas manteniendo espacios pequeños entre cada línea, y a la izquierda, observa y mantén el espacio amplio. Tu cerebro te lo agradecerá.

olas zen

Las líneas onduladas representan la adaptabilidad, el movimiento y el pensamiento divergente. Observa cada ola y repite el trazo varias veces como se muestra en el ejemplo. Si quieres, puedes colorearlo al terminar.

tulipanes zen

Los ejercicios con flores son un abrazo al corazón. Traza líneas suaves, que se muevan de manera natural de arriba abajo en cada tulipán. Respira y suelta tus hombros.

corazones zen

Llena los corazones con diferentes patrones. Puedes usar los que sugiero en los recuadros o crear otros nuevos.

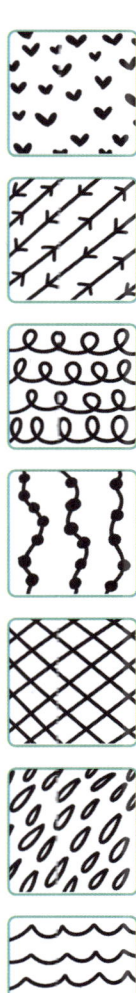

garabato libre zen

Sin levantar el bolígrafo, haz un garabato libre, y en los espacios creados, traza diferentes patrones. Puedes hacerlo solo con bolígrafo o combinar el uso de distintos colores.

molino arcoíris

Eleva tu humor y tu energía creando un molino arcoíris.
Te dejo el mío y un espacio especial para el tuyo.

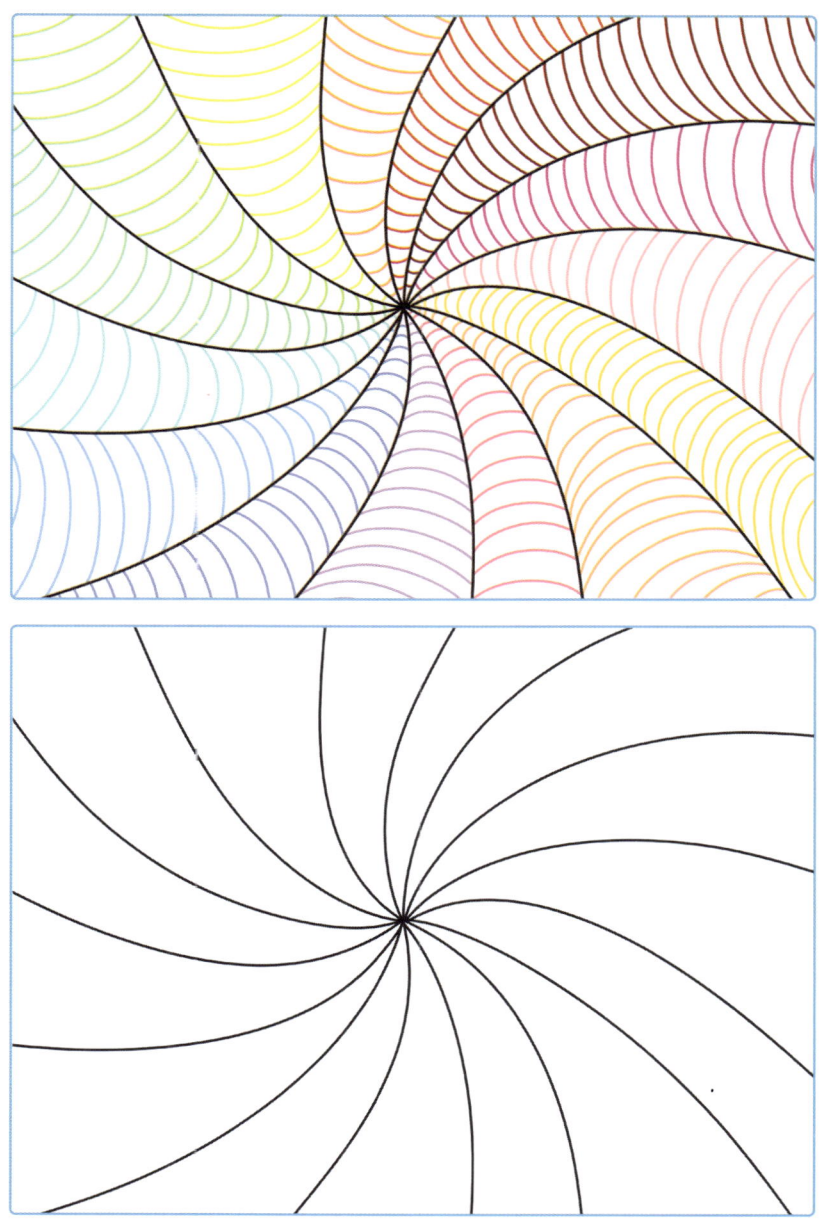

paisaje zen

Cierra los ojos unos instantes y recuerda los patrones y colores de la naturaleza: los que vemos en el agua, en la tierra, en el cielo, en las plantas.
Crea un patrón para los distintos elementos del dibujo.

cuadriláteros zen

En cada cuadrado, **traza líneas para dividirlo en espacios de cuatro lados.**
Luego, añade color o patrones según prefieras.

estanque de peces

Completa los peces con diferentes patrones.
Puedes usar los que sugiero o crear los que imagines.

flores a tinta

Los garabatos a tinta, es decir, usando solo rotuladores calibrados, tinta china o bolígrafo negro es una de las prácticas más placenteras. **El color negro se suele asociar a la muerte, a la tristeza o a la oscuridad;** sin embargo, en los garabatos y dibujos meditativos, representa el silencio y la neutralidad de la mente. Practica este garabato siguiendo el modelo.

un cielo de garabatos

Usa bolígrafos o rotuladores de diferentes colores y **crea un cielo de garabatos.**
A la derecha te dejo algunas ideas de qué garabatos podrías usar, pero siéntete libre
de crear los que desees.

retrato *mindful*

Toma un bolígrafo, cierra los ojos, respira profundamente y siente la piel de tu rostro. **Sin abrir los ojos, conecta unos segundos con cada parte de tu rostro** y trázala sobre el papel. Si sientes dolor o tensión en alguna zona en concreto, puedes dibujar esa parte durante más tiempo.

lazos serenos

Sin levantar el bolígrafo, crea lazos infinitos como te muestro en el ejemplo.
Puedes ir cambiando de color, y también intentar hacerlo con los ojos abiertos y cerrados.

memoria ciega

Observa el dibujo de la izquierda durante unos segundos, luego cierra los ojos y repítelo en el lado derecho. No te preocupes si te sales del recuadro... ¡es parte del juego!

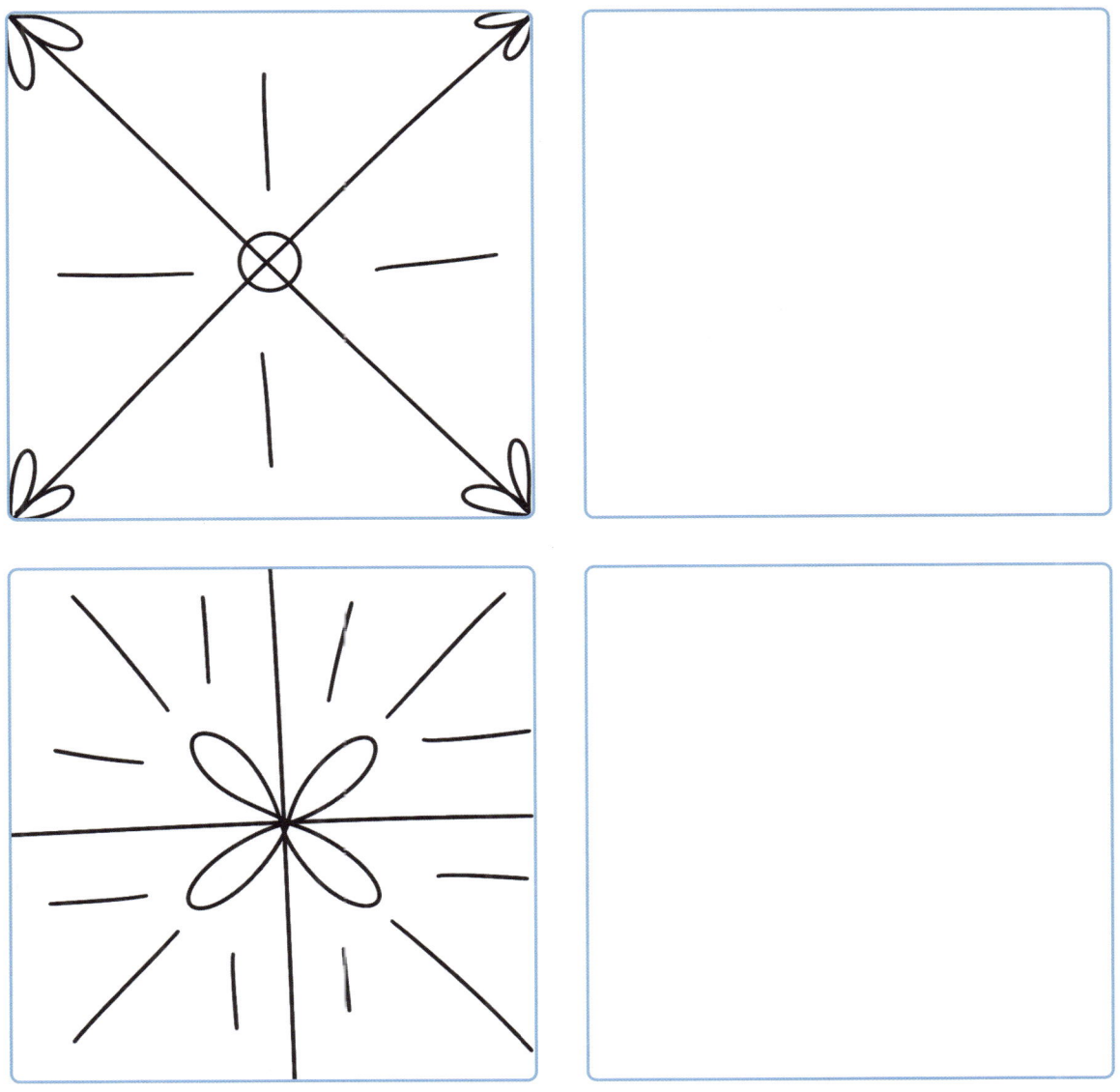

contorno ciego

La técnica del contorno ciego es un **recurso creativo y artístico que nos permite enfocarnos en el elemento que queremos representar** dejando de lado los resultados. Esto quiere decir adiós perfeccionismo y hola creatividad. Vamos a practicarlo. Escoge un objeto que tengas a mano, como un lapiz, una taza o un florero. Colócalo a un lado y obsérvalo. Empieza a dibujarlo en esta hoja. No apartes la mirada del objeto y no contemples los avances de tu dibujo hasta que lo hayas terminado por completo. ¡Es una experiencia increíble!

color ciego

El color ciego es una forma creativa y terapéutica de colorear. Consiste en colocar tus lápices de colores sobre la mesa o en un estuche para que, en el momento de escogerlos, lo hagas con los ojos cerrados. Verás que es muy entretenido y te ayudará a liberar el control.

hilar garabatos

Hila garabatos de lado a lado con diferentes colores. Pruébalo con los ojos cerrados.

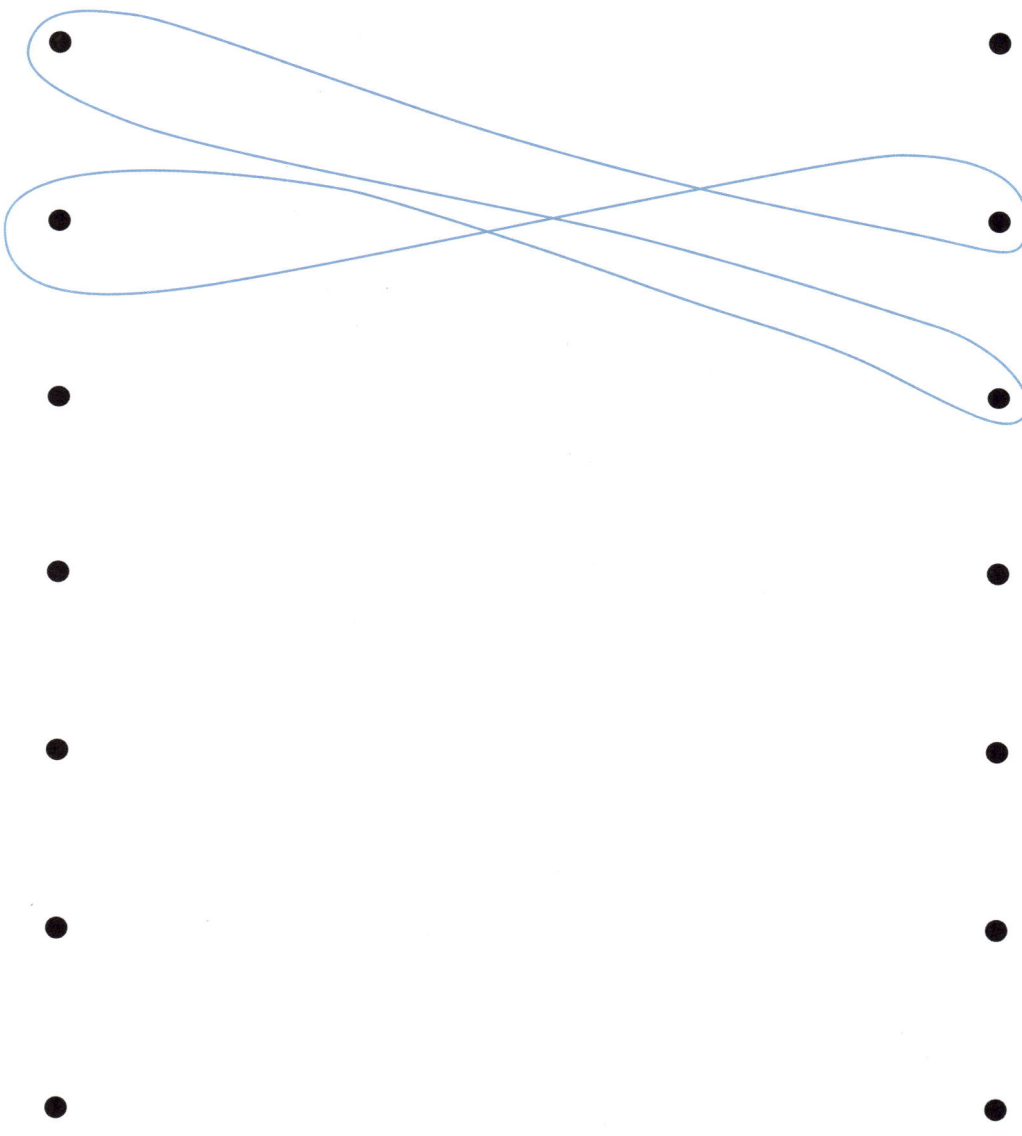

garabato libre

Con los ojos cerrados, haz un garabato libre durante un minuto. Coloréalo libremente.

garabatos replicados

Haz un garabato libre en el primer espacio, replícalo en el segundo con otro color y, a continuación, de nuevo en el tercero, pero esta vez con los ojos cerrados.

soltar el control

¿Qué siento cuando hago garabatos con los ojos cerrados?

¿Qué me cuesta más soltar?

☐ Miedo   ☐ Perfeccionismo

☐ Control   ☐ Expectativa

☐ Tensión   ☐ Bloqueos

Cierra los ojos y traza libremente un garabato con la intención de soltar todo aquello que deseas dejar ir.

en tus manos

Observa tu propia mano durante unos minutos: los detalles de la piel, las uñas, los lunares o las marcas especiales. Acoge con agradecimiento en el corazón todo lo que tus manos te permiten hacer. Sin dejar de mirar una de tus manos, plasma su contorno y detalles. No mires el resultado hasta que hayas terminado. Lo importante no es cómo quede, sino vivir el proceso.

garabato del agua

El sonido del agua es sumamente relajante: calma el sistema nervioso y ayuda
a reducir tensión emocional. Imagina que estás ante el mar, un río o bajo la lluvia
(lo que te guste más) y recuerda el sonido del agua. Escúchalo en tu mente
unos instantes y luego represéntalo en esta página.

ejercicio de la ventana

Acércate a una ventana y escucha con atención. ¿Qué oyes?
Haz un garabato sencillo de cada sonido que identifiques. Yo empiezo.

líneas horizontales

Dale la vuelta a tu cuaderno y **traza líneas horizontales lentamente y sin levantar el lápiz.** Puedes modificar la velocidad e ir más lento o más rápido según sientas la necesidad. Percibe cómo reacciona tu mente y tu cuerpo al cambiar de velocidad. Mantén la atención en el sonido que produce tu lápiz al trazar la línea sobre el papel.

lluvia de puntos

Busca unas ceras o rotuladores (que no sean nuevos o delicados) y crea una lluvia de puntos. Cierra los ojos y **centra tu atención en el sonido que se produce.** Observa cómo te sientes al terminar.

dibuja la canción

Pon una canción que te guste y te llene de energía, una de esas canciones alegres que te hacen saltar o bailar. Cierra los ojos y haz garabatos al ritmo de la música.

emoción hecha canción

Pon una canción que sea especial para ti por un recuerdo bonito, feliz o emocionante. La idea es que no sea una canción que despierte tristeza, sino que te ayude a conectar contigo mismo o contenga un mensaje especial para ti. Cierra los ojos y haz garabatos siguiendo el ritmo y las emociones que vayan surgiendo.

sonido sanador: *ha*

Según las prácticas de *qigong*, **el sonido *ha* puede ayudar a liberar el corazón y dejar ir la impaciencia, la anisedad y el rencor.** Este ejercicio es uno de mis mejores descubrimientos. Es muy fácil, solo traza líneas verticales (de abajo hacia arriba) mientras dices *ha*. También puedes hacerlo con ambas manos.

el *shhh* de las olas

Inhala profundamente y, al exhalar, haz el sonido *shhhh* . Este sonido ayuda a liberar el hígado y la emoción asociada a este: la ira. Continúa respirando con el sonido *shhhh* y acompáñalo de trazos de olas suaves y rítmicas.

sonidos y trazos

Cada recuadro propone un tipo de garabato. Repite ese garabato varias veces prestando atención al sonido que se produce. Anota debajo a qué te recuerda el sonido o qué nombre le pondrías.

Espirales

Vistos ✓

Líneas horizontales ═══

Triángulos

garabato *mmm*

Mientras inhalas, **desliza tu bolígrafo por el papel como si fuera una pista de patinaje** y, al exhalar, **haz el sonido *mmm* trazando pequeñas montañitas** como se muestra en el ejemplo. Al terminar, puedes añadirle color.

Este es el espacio para tu garabato *mmm*. Recuerda que las creaciones son únicas y que el objetivo es siempre el proceso y no el resultado final.